Hein Driessen
Niederrhein
Mallorca

15.1.2010

Viel
Freude
an
diesem
Buch
wünscht

Hein Driessen

Niederrhein Mallorca

Mit einem Text
von
Annette Lobbenmeier

> Gäbe es keine Fiktion, würde man die Realität gar nicht mehr wahrnehmen. Und eine Realität, die man sich nicht vorstellen kann, bleibt unsichtbar.
>
> Roland Topor, Kunstpause

Hein Driessen – Ein niederrheinischer Maler

In der Kunstszene am Niederrhein ist Hein Driessen ein Mann der ersten Stunde und deshalb vielen Kunstinteressierten seit vielen Jahren ein Begriff. Hein Driessen wurde in Emmerich am 2. Oktober 1932 geboren. Er wuchs in einer Großfamilie auf, zwischen Urgroßmutter, Großeltern, Eltern und Geschwistern. Sein Vater, Gerhard Driessen, war Lehrer an mehreren Schulen am Niederrhein, zuletzt fungierte er als Rektor der Martini-Schule in Emmerich. Seine Mutter, Ella van Hueth, brachte nach der Geburt von Hein noch vier weitere Kinder auf die Welt, Felicitas, Marlies, Sybille und Peter. Gerhard und Ella waren beide künstlerisch tätig. Die Mutter bekam schon früh Gesangs- und Klavierunterricht und spielte bis zum Großangriff auf Emmerich in der St. Aldegundis Kirche die Orgel. Der Vater hingegen zeichnete gern, und beiden Elternteilen schaute Hein Driessen immer wieder über die Schulter, so dass auch er bereits als Kind den Zeichenstift in die Hand nahm und schnell ein Gefühl für die Linie bekam. Diese frühen Arbeiten aus Kindertagen hielten den schweren Verwüstungen des Krieges allerdings nicht stand. Bei der fast gänzlichen Zerstörung der Stadt Emmerich verbrannten sie samt Elternhaus am Mühlenweg 4. Einige Jahre seiner Kindheit verbrachte Hein bei seinen Großeltern in Neuss, nachdem deren einziger Sohn 1936 tödlich verunglückt war.

Weil Vater Gerhard an der Leegmeerschule in Emmerich ein Kreuz im Klassenzimmer hatte hängen lassen, wurde die Familie von der Gestapo verfolgt und der Vater nach Lobberich in der Nähe von Duisburg strafversetzt. Mit 42 Jahren wurde er dann noch als Soldat nach Russland eingezogen. Er starb 1955 an den Folgen der russischen Kriegsgefangenschaft, und Mutter Ella kümmerte sich von nun an allein um die Kinder und um ihre Bleibe und richtete das vom Krieg zerstörte Haus wieder auf.

Zu den guten Freunden der Familie Driessen gehörte Gerhard Storm, Kaplan der Aldegundis-Kirche in Emmerich. Er wurde 1944 von den Nazis in Dachau umgebracht, da er in seiner Kirche gegen die Nazis gepredigt hatte. Hein Driessen bekam von ihm die Erste Hl. Kommunion. Gerhard Storm liegt heute im Dom von Xanten begraben. Zum Andenken an den ermordeten Kaplan schuf Hein Driessen im Auftrag der Aldegundis Kirche eine Pietà – es war sein erster Auftrag als junger Kunststudent.

Trotz schwieriger Zeiten stand für Hein Driessen schnell fest, eine künstlerische Ausbildung beginnen zu wollen. So absolvierte er nach dem Gymnasium zunächst eine Malerlehre in Hüthum und Emmerich. Die Gesellenprüfung bestand er mit Auszeichnung. Das war sein handwerkliches

Rüstzeug, um bei dem niederrheinischen Maler Bernd Terhorst Möglichkeiten der Kunst näher zu erkunden. Terhorst war ein Freund der Familie, so kam es auch, dass er den jungen Hein schon früh anleiten konnte. Bei ihm lernte er verschiedenste handwerkliche Techniken, u.a. Mosaik, Sgraffito und Fresko. Und auch in der Zeichnung vermittelte er dem Schüler grundlegende Kenntnisse. Von 1952 bis 1954 besuchte Hein Driessen dann die Folkwangschule Essen. Hier waren hauptsächlich Prof. Josef Urbach, Prof. Hermann Schardt und Prof. Max Burckhards seine Lehrer. Sie unterrichteten ihn in umfassender Weise: Fotografie, Malerei und in den unterschiedlichen Drucktechniken.
In den beiden folgenden Jahren besuchte er die Werkkunstschule in Düsseldorf. Hier erhielt er 1955 auch den Bundespreis der Werkschule für Gestaltung. Zu seinen Lehrern gehörten in Düsseldorf Karl Scherer und Hans Rüsing. Seine gründliche handwerkliche Ausbildung ermöglichte es ihm auch in einer schweren Zeit von der Kunst zu leben. Viele öffentliche und private Aufträge wie Buchillustrationen oder Kunst am Bau überbrückten die Zeit, in der er nicht allein von der freikünstlerischen Arbeit, von Malerei und Zeichnung, leben konnte. So oft es ihm möglich war, ging Driessen mit seinen Malutensilien in die Natur, die schnell zur großen Lehrmeisterin wurde.
Schon während seines Studiums lernte Hein Driessen die am gleichen Tag, nur fünf Jahre später, geborene Düsseldorferin Ute Wehner kennen. Sie heirateten am 5. Oktober 1957 im Düsseldorfer Malkasten. Am 23. März 1958 wurde Toch-

ter Ulrike geboren, in Abständen von zwei Jahren kamen dann Carolin und Isabel auf die Welt. Zwölf Jahre lang wohnte die fünfköpfige Familie in einer kleinen Dachgeschosswohnung in der Hohenzollernstraße in Emmerich. 1971 bezogen sie schließlich ihr eigenes Haus in der Straße Am Schafsweg 20a.
Hein Driessen ist Bildender Künstler mit Leib und Seele. Dank seiner soliden handwerklichen Ausbildung konnte er in den unterschiedlichsten künstlerischen Bereichen tätig werden. So hat er Ton- und Keramikarbeiten geschaffen, Mosaike gestaltet, die Freskotechnik erprobt, sich als Bildhauer betätigt und natürlich Malerei und Zeichnung beherrschen gelernt. Auch die Fotografie kommt ihm in seinen Arbeiten immer wieder zu Gute. Wenn Hein Driessen auch ähnlich wie die Impressionisten am liebsten „sur le motif" arbeitet, so kommt es natürlich immer wieder vor, dass die Fotografie auch als Stütze für die Arbeit im Atelier dient.
Mit seinem „Atelier an der Rheinpromenade" hat Driessen buchstäblich einen Platz in der ersten Reihe bekommen. Es liegt direkt am Emmericher Rheinufer mit der wunderbaren Aussicht auf Wasser und Wiesen. Oft sieht man ihn mit seinen Malutensilien vor dem Haus sitzen und skizzieren. Da die Anzahl seiner Werke das Platzangebot dieses Ateliers jedoch längst gesprengt hat, nutzt Driessen seit 1999 direkt nebenan weitere Räume als Ausstellungshalle – er nennt sie die „Kleine Kunsthalle an der Rheinpromenade". Des weiteren sind seine Arbeiten in Emmerich in der Bahnhofsgalerie, im Artcafé „Hof von Holland" und in der „Societät" zu sehen.

Wer durch das kleine niederrheinische Städtchen Emmerich streift, dem kann die Kunst von Hein Driessen nicht entgehen, denn nicht nur in den genannten Ausstellungsräumen sind seine Werke präsent, auch im öffentlichen Raum, etwa in Banken, trifft man sie an.

Natürlich beschränkt sich Driessens Wirkungskreis nicht auf Emmerich, sie ist am gesamten Niederrhein vertreten. Seine Zusammenarbeit mit dem Kabarettisten Hanns Dieter Hüsch machte ihn einem weiteren Publikumskreis bekannt. Während Hüsch seine niederrheinischen Anekdoten schriftlich festhielt, hat Driessen diese künstlerisch „untermalt". So entstanden kongeniale Bücher der beiden niederrheinischen „Urgesteine", wie sie liebevoll genannt werden.

Hein Driessen geht mit seiner Kunst auch über die Grenzen, genauer gesagt: Er baut eine Brücke vom Niederrhein in südliche Gefilde. Auf der Baleareninsel Mallorca hat er zusammen mit seiner Frau Ute seine zweite Heimat gefunden. In der schönen, vom Massentourismus noch unberührten Bucht von Cala Figuera hat der Künstler ein weiteres Atelier, die „Galerie Sirena". Ständig pendelt er zwischen Norden und Süden, genießt beide Standorte gleichermaßen. Die raue Schönheit des Niederrheins ist seine Heimat, aber auch die Sonneninsel, wo ihn das Licht des Südens zu neuen Ideen inspiriert, ist ihm ans Herz gewachsen. Schon in den 70er Jahren fiel Driessen auf der Insel als Künstler auf – allerdings mit etwas schrilleren Unternehmungen als heute. Damals sorgte er mit Happenings und seinen sogenannten „Gips-Ins" für Aufsehen. Heute ist ein Teil von Driessens Bildern in einer Galerie oberhalb des Hafens bei Lorenzo Burguera zu bestaunen, nur unweit seines eigenen Ateliers.

Gerade auf Mallorca haben sich immer viele Bekanntschaften mit Prominenten ergeben, die dort ihren Urlaub verbringen und die auch gerne später einen Besuch in Emmerich einplanen. In zahlreichen Radio- und Fernsehsendungen war Driessen bereits ein gern gesehener und gefragter Gast, und in der ZDF-Serie „Hotel Paradies", die 1988 auf Mallorca gedreht wurde, spielte er sich selbst in der Rolle als Maler. Seit 1971 lebt und arbeitet Driessen ungefähr die Hälfte des Jahres auf Mallorca, eine Bereicherung, auf die er nicht mehr verzichten möchte. Und auch die Mallorquiner möchten den Künstler nicht mehr missen.

Aus Anlass seines 20-jährigen Inselaufenthaltes richteten die Stadtväter von Cala Figuera ihm und seiner Frau ein großes Fest aus, das für alle unvergesslich geblieben ist.

> Um zu wissen, was man zeichnen will,
> muss man zu zeichnen anfangen.
> Pablo Picasso

Mit Zeichenstift und Pinsel unterwegs

Hein Driessen ist heute Maler und Zeichner. Er ist stolz darauf, die Kunst von ihren Grundlagen gelernt zu haben, das heißt vor allem auch, eine Ausbildung im künstlerischen Handwerk erhalten zu haben. Er liebt kräftige Farben ebenso wie die auf Schwarz reduzierte Federzeichnung, wobei er meistens eng am Motiv bleibt. Verfremdungen treten somit meist in der Auswahl und Komposition der Farben auf, hier variiert und experimentiert er gerne. So werden ähnliche Motive unterschiedlich mit Farben ausgeführt, und die Ergebnisse sind dementsprechend gänzlich andere. Auch in der Abstraktion hat Driessen sich versucht – ein Seitenweg des Frühwerks, den er heute fast nur noch im plastischen Arbeiten begeht. „Die Natur ist viel zu schön, um sie nicht abbildhaft wiederzugeben", lautet Driessens Überzeugung, und damit hat er seine Richtung gefunden. Die Abbildungen in diesem Buch zeigen eine Anzahl farbintensiver Aquarelle neben einer Anzahl von Zeichnungen.

Der Ausgangspunkt seiner Arbeit ist fast immer die Zeichnung. Meist umreißt er die Motive mit der Feder, bevor er sie mit Farbe einkleidet. Es gibt aber auch Bilder, bei denen er mit der Farbe auf dem Papier regelrecht spielt, so zum Beispiel in einer hier reproduzierten Ansicht von Portocolom, was wörtlich übersetzt „Hafen des Columbus" heißt. Hier dominiert die Farbe gegenüber der Linie, die nur sparsam eingesetzt wird. Ebenso spontan hält er gerne Blumenfelder fest, etwa die rot aufleuchtenden Mohnfelder auf Mallorca. Er liebt es, Motive einerseits zu zoomen und andererseits Gesamtansichten zu zeigen. Immer wieder finden sich unter den Bildern von Mallorca Ansichten der Bucht von Cala Figuera, sie zeigen den Blick aus Driessens Atelier, mal aus der Nähe, mal aus der Ferne. Genauso verfährt er mit der niederrheinischen Landschaft. Erzählerische Bilder mit vielen Details stehen neben großzügig vereinfachten Motiven.

Hein Driessen ist ein großer Bewunderer Pablo Picassos, der so sicher und vollendet eine einzelne Linie sprechen lassen konnte. Für jeden Zeichner gilt es, eine Linie so zu formen, dass sie die Kontur eines Gegenstandes umreißt. Es liegt dann in der Vorstellungskraft des Betrachters, die Zeichnung als ein Abbild der Realität zu erkennen. Doch nur wer die Gabe besitzt, eine Linie so zu setzen, dass sie auf dem Papier Raum und Flächen, Ruhe und Bewegung ausdrückt, verleiht ihr Bedeutung und Inhalt. Wie wunderbar vollkommen sind Picassos Zeichnungen, die er aus dem Schwung einer oder nur weniger Linien geschaffen hat. Menschen oder Tieren vermochte er mit einer einzigen Bewegung der Hand Leben einzuhauchen. Sein Strich wurde später bewegter, blieb jedoch bis zum Spätwerk sicher und kraftvoll. Für Picasso war die Linie stets die Grundlage seiner Arbeiten, auch in seinem malerischen Werk.

Es ist nicht erstaunlich, dass Driessen Picasso für seine Meisterschaft in der Zeichnung bewundert. Auch für ihn ist die Linie wesentliches Element seiner Malerei – wenn er auch ganz anders mit ihr umgeht als Picasso. Die Kunst seiner Linienführung besteht in der Addition kleiner, kommaartig gesetzter Striche. Obwohl die neben- und übereinandergesetzten Linien lose erscheinen, fügen sie sich doch zu einem einheitlichen Ganzen zusammen. Mit sicherer Hand umreißt der Künstler die Motive oder deutet sie mit wenigen Linien an. Charakteristisch für beider Techniken ist eine ganz unmittelbare Auseinandersetzung mit dem Motiv. Sie führen von daher zu den eigentlichen Grundlagen von Hein Driessens Schaffen. Das Spiel von Licht und Schatten entsteht durch den Rhythmus des Zeichnens, durch die Auflösung oder die Verdichtung von Strichbündeln.
Hein Driessen findet seine Motive in der Natur. Er ist Landschaftsmaler mit scharfem Blick für Details. So versucht er die Natur nicht nur nachzuahmen, sondern einen entschiedenen Schritt weiterzugehen, nämlich der Natur auf seine ihm eigene Weise einen neuen Ausdruck zu verleihen. Wer in seinem Atelier stöbert, der findet unzählige Motive seiner Heimat, des Niederrheins. Ansichten von verträumten weiten Landschaften, von Wiesen und Feldern und Kopfweiden, meist ganz still, bisweilen auch mit weidenden Tieren im Vordergrund. Ebenso gibt es Bilder vom Rhein, von Schiffen, Tümpeln und Teichen. Und natürlich sind die Sehenswürdigkeiten, die Schlösser, Kirchen und Landhäuser und die charakteristischen alten Katen immer wieder auf den Bil-

dern zu finden, es sind typische Ansichten, die den Niederrhein prägen. Ob Emmerich, Kleve oder Xanten, ob kleine unbekannte Dörfer oder berühmte Sehenswürdigkeiten, Driessen spürt sie auf, verleiht gerade den unbedeutenden Dingen neuen Glanz. Nicht grau und düster malt Driessen seine Heimat, er ist ein Freund kräftiger Farben und spannungsvoller Akkorde.

Gern nennt er deshalb Emil Nolde sein großes Vorbild. Nolde, der die Farbe so expressiv einsetzte, gilt zu Recht als ein Erneuerer der Malerei des 20. Jahrhunderts. Für ihn übernahm das Licht eine besondere gestalterische Funktion, wenngleich er auch, geschult u.a. an Rembrandt und Tizian, zunächst ein toniges, eher dunkles Kolorit verwendete. Erst nach der Begegnung der Arbeiten von van Gogh, Gauguin und Munch wusste Nolde die Farbe wie im Rausch zu steigern. Wie in einem Fleckenteppich trug er die Farben auf, aktivierte durch direktes Nebeneinandersetzen der Pinselstriche die Kontraste.

Driessens Farbauftrag ist weit weniger expressiv. Dennoch wagt er es, Farben in seine Bilder zu setzen, die der direkten Beobachtung widersprechen. Das macht seine Bilder lebhaft; sie distanzieren sich von der Natur, ohne sie jedoch gänzlich aus den Augen zu verlieren.

Natürlich gehört Driessen auch zu den großen Bewunderern der niederrheinischen Maler des 18. und 19. Jahrhunderts, insbesondere schätzt er Jan de Beijer und B.C. Koekkoek, der in Kleve lebte und arbeitete. Jan de Beijer gilt als einer der bedeutendsten topografischen Zeichner der Niederlande.

Er wurde 1703 in der Schweiz als Sohn eines Werbeoffiziers der holländischen Armee geboren. Seit 1709 lebte die Familie in Emmerich, wo Jan de Beijer auch die Schule besuchte und seine Jugend verbrachte. Sein Frühwerk ist heute nicht mehr bekannt, wohl ist er zwischen 1732 und 1735 am Niederrhein als Zeichner nachweisbar. Später reiste er nach Brabant, Limburg und Amsterdam. Nach seinen Vorlagen wurden viele Stiche für Bildbände angefertigt. Jan de Beijer starb 1780 in Emmerich.

Barend Cornelis Koekkoek (1803–1862) war für seine Zeitgenossen der „Prinz der Landschaftsmaler", und wie ein Prinz oder Fürst in Kleve residierend, prägte er den Stil der niederrheinischen Romantik. Die Landschaft blieb zeitlebens sein bevorzugtes Studienobjekt. „Die Natur ist das vollendetste Gemälde", lautete das Motto für seine Arbeiten, die an der Landschaftsmalerei des holländischen „Goldenen Jahrhunderts", an Ruisdael oder Goya orientiert sind. Nach Entwürfen von Anton Weinhagen ließ er sich zwischen 1845 und 1848 am Rande der Klever Innenstadt ein Haus an der Kavarinerstraße errichten. Ein umgebauter Turm der alten Stadtmauer diente ihm ab 1843 als Atelier. Seiner künstlerischen Tätigkeit wurde ein plötzliches Endes gesetzt, als er im November 1859 im Alter von 56 Jahren einen Schlaganfall erlitt. Wenige Jahre später starb er in seiner Wahlheimat Kleve.

Wie jeder Künstler, so wird auch Hein Driessen in seinem Schaffen durch die Tradition, durch Vor- und Leitbilder herausgefordert, aber immer geht es ihm um seinen individuellen Ausdruck, nie um die Nachahmung eines bereits existierenden Stils. Er hat seinen eigenen Weg gefunden und konsequent verfolgt. Ein Wort Picassos kann das unterstreichen: „Immer muss man versuchen, einen anderen nachzuahmen. Aber es stellt sich dann heraus, dass man es gar nicht kann! Man möchte es wohl tun. Man versucht es. Aber es geht immer schief. Und in diesem Augenblick, wo man alles verpatzt, da gerade ist man man selbst."

Hein Driessen ist es gelungen, eine eigene Formensprache zu entwickeln, eine klare Sprache, die für viele verständlich ist und sich einem breiten Publikum öffnet.

Bei der Festigung seines eigenen künstlerischen Idioms spielten auch die zahlreichen Aufenthalte auf Mallorca eine wesentliche Rolle. So ist zum Beispiel das Licht des Niederrheins ein ganz anderes als das der Balearen. Auf Mallorca fand Driessen andere, neue Motive, auch hier richtet sich sein Blick aufs Detail. Blumenfelder und Pferdekarren, alte verfallene Häuser und Fincas, einzelne Türen und Fenster, das Meer und der Hafen, Driessen findet bei jedem Aufenthalt neue reizvolle Sujets. Wunderbar ist es, wenn er ganz einfach alltägliche Situationen einfängt, manchmal typische und vertraute, manchmal überraschend neue und ungewöhnliche Momente. So unterschiedlich der Niederrhein und die Baleareninsel auch sind – Kopfweiden hier, Olivenbäume dort – an einem Punkt treffen sich die Bilder von Nord und Süd dennoch wieder: in der klaren, aber innerlich vibrierenden Linie, in der rhythmisch bewegten Zeichnung. Driessens Bilder strahlen Lebensfreude aus, sie zeigen Momente der Stille und des Glücks.

Tafeln

Rees am Niederrhein, Aquarell mit Tusche

Klever Schwanenburg, Aquarell mit Tusche

Schlösschen Borghees am Niederrhein, Aquarell mit Tusche

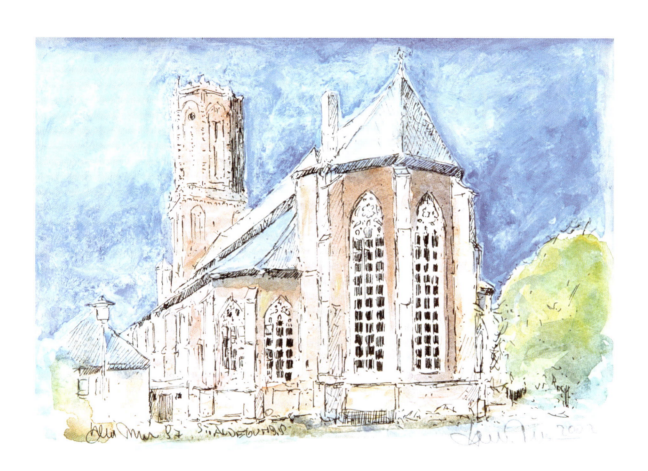

Aldegundiskirche zu Emmerich, Aquarell mit Tusche

Niederrhein, Tusche

Johanna Sebus Denkmal bei Griethausen am Niederrhein,
Aquarell mit Tusche

Niederrhein bei Emmerich, Aquarell

Niederrhein bei Emmerich, Aquarell

Alte Kate bei Bienen am Niederrhein, Zeichnung

Niederrhein bei Kleve, Aquarell mit Tusche

Kopfweide bei Borghees am Niederrhein, Aquarell mit Tusche

Niederrhein bei Emmerich, Aquarell mit Tusche

Millinger Meer am Niederrhein, Zeichnung

Niederrhein bei Elten, Aquarell mit Tusche

Emmerich, Aquarell mit Tusche

Niederrhein bei Dornick, Aquarell mit Tusche

Aalschocker bei Rees am Niederrhein, Zeichnung

Aalschocker bei Dornick am Niederrhein, Aquarell

Altwasser am Niederrhein bei Emmerich, Aquarell mit Tusche

Altwasser am Niederrhein bei Grieth, Aquarell mit Tusche

Fischer bei Grietherort, Niederrhein, Aquarell

De Byland, Niederlande, Aquarell mit Tusche

Fischer auf dem Amstelmeer, Niederlande, Rohrfederzeichnung
(Skizzenbuch)

Holland, Aquarell mit Tusche

Mallorca, Aquarell mit Tusche

Strand auf Mallorca, Aquarell mit Tusche

Es Trenc, Mallorca, Aquarell mit Tusche

Cala Figuera, Mallorca, Aquarell mit Tusche

Cala Figuera, Mallorca, Aquarell mit Tusche

Cala Figuera, Mallorca, Aquarell mit Tusche

Cala Figuera, Mallorca, Buntstiftzeichnung

Cala Figuera, Mallorca, Aquarell mit Tusche

Santanyi, Mallorca, Aquarell mit Tusche

Fincatür, Mallorca, Aquarell

Cala Figuera, Mallorca, Aquarell mit Tusche

Portocolom, Mallorca, Aquarell mit Tusche

Olivenbaum, Mallorca, Federzeichnung

Mallorca im Frühling, Aquarell

Biografie

2.10.1932	geboren in Emmerich am Niederrhein
1952–1954	Folkwangschule Essen
1955–1957	Werkkunstschule Düsseldorf
1967–1997	Atelier „De Witte Telder", Emmerich
1971	„Galerie Sirena", Cala Figuera, Mallorca
1995	„Atelier an der Rheinpromenade", Emmerich
1996	Studienfahrt mit dem Segelschulschiff „Gorch Fock" von Sevilla nach Malta
1999	Atelier „Kleine Kunsthalle an der Rheinpromenade", Emmerich

Preise und Ehrungen (Auswahl)

1955 Bundespreis der Werkkunstschulen Deutschland
1985 Preis der Stadt Santanyi, Mallorca
1992 Ehrung durch den Bürgermeister in Santanyi, Mallorca
1998 Ordensträger für die Verdienste um Brauchtum und Mundart am Niederrhein

Öffentliche Aufträge (Auswahl)

1983 Stadtfahne für Emmerich und Entwurf der Bürgermeisterkette (750 Jahre Stadt Emmerich)
1999 Entwurf des Niederrheinischen Malergartens, Landesgartenschau Oberhausen

Pferdekarren auf Mallorca

Kunst am Bau (Auswahl)

1954	Keramikmosaik, Hotel Xantener-Hof, Xanten
1955	„Pietá", Relief, St. Aldegundis Emmerich
1971	„Lichtorgel", Keramikwandarbeit, Raiffeisenbank Emmerich
1980	Keramik, Kindergarten Mehr
1981	Klinkerrelief, Mehr
1980	„Kopfweide", Teppichentwurf, Sparkasse Emmerich (Ausführung durch Johann Pieter Heek)
1981	„Kunstspiele", Plastik, Sonderschule Alpen
1982	Klinkerrelief, Kornmarkt Wesel / Segelboote/Niederrhein
1985	„Christopherus", Tonrelief für ein Heiligenhäuschen, Krefeld-Traar
1986	Relief Niederrheinische Bau Keramik (Emmerich), Sparkasse Emmerich am Nonnenplatz
1986	Glasschliffarbeit, Societät Emmerich
1988	Keramik, Friedhofskirche, Krefeld-Traar
1989	Fußbodenkeramik, Neuss, Privatbesitz
1999	Wandmalerei „Historisches Emmerich", Rheinparkcenter Emmerich

Zahlreiche Ausstellungen im In- und Ausland
(u.a. Niederlande, Belgien, Spanien, Frankreich)

Impressum

Konzeption und Gestaltung:
Annette Lobbenmeier

Fotografie:
Norbert Schinner, Duisburg

Erste Auflage Kleve 2002
© für die Bilder bei Hein Driessen,
für den Text bei Annette Lobbenmeier

Lithografie, Satz und Druck:
B.o.s.s Druck und Medien, Kleve

Printed in Germany
ISBN 3-933969-22-0

Frontispiz:
Mallorca im Frühling, Aquarell